Edition Maritim

Jürgen Voss

LICHTER AM HORIZONT

Leuchttürme zwischen Tag und Nacht

Edition Maritim

Für Frauke, geduldige Reisebegleiterin und kritische Muse

INHALT

VORWORT

Andere Menschen sammeln Pilze oder Briefmarken, ich sammle Leuchttürme. Mein seit jeher ausgeprägter Hang zum Maritimen, zur Ästhetik alter Bauwerke und die oft landschaftlich schönen Standorte ergeben bereits viele gute Gründe: Insgesamt kann ich trotzdem nicht erklären, was mich an Leuchttürmen fasziniert. Aber das kann ein Briefmarkensammler vielleicht auch nicht.

Als Architekturfotograf liegt es nahe, Leuchttürme zu fotografieren – eine komfortable Möglichkeit, die Sammelobjekte nach Hause zu tragen. So entstand im Lauf der Jahre ein umfangreiches Archiv mit Leuchtturmbildern. Dabei geht es mir nicht um Vollständigkeit, sondern um gute Aufnahmen: Einige Leuchttürme lassen sich nur schlecht fotografieren (hohe Bäume, hohe Häuser, Sperrgebiet ...), andere sind einfach hässlich oder architektonisch uninteressante Zweckbauten. Dann ziehe ich ohne Foto weiter oder komme wieder, zu anderer Zeit und bei besserem Licht.

Betrachte ich die Vielzahl an Büchern und Kalendern über Leuchttürme, scheine ich meine Leidenschaft zu teilen: Mit anderen Fotografen, und mit jenen, die Leuchttürme so interessant finden, dass sie die Bücher lesen und die Kalender aufhängen. Die meisten Fotos (meine nicht ausgeschlossen) sind im hellen Sonnenschein aufgenommen. Das garantiert zwar schöne Bilder, wird der Thematik aber nur halbwegs gerecht, denn das eigentliche Metier der Leuchttürme ist Dunkelheit und schlechtes Wetter. Sie wurden gebaut, um heimzuleuchten, um gesehen zu werden, wenn man sonst nichts mehr sieht.

Die Mehrzahl der Leuchttürme ist über hundert Jahre alt. Viele werden auch noch weitere hundert Jahre überdauern, schon der Touristen wegen. Ob ihr Licht dann aber noch gebraucht wird, scheint inzwischen eher fraglich. Noch leuchten sie, trotz Satellitennavigation, mit dem Charme funktionierender Antiquitäten. Doch die Zahl der Leuchtfeuer, die bereits gelöscht sind oder über deren Abschaltung nachgedacht wird, nimmt in den letzten Jahren stetig zu.

Deshalb habe ich für dieses Buch nur Aufnahmen ausgewählt, die, bildlich gesprochen, Leuchttürme bei der Arbeit zeigen. Manchem mag das eintönig vorkommen. Das Licht der Dämmerung hat aber ebenso viele Nuancen wie das Tageslicht. Selbst der wolkenverhangene Himmel an nordischen Küsten verliert zur blauen Stunde seinen fotografischen Schrecken. Und besonders am Meer wohnt dieser Zeit zwischen Tag und Nacht eine tiefe Ruhe inne, die sich in den Fotografien wiederfindet.

So ist das Buch nicht nur Dokumentation, sondern vor allem Galerie – mit Bildern, die auch für nautisch Unbedarfte angenehm zu betrachten sind, und kleinen Begleittexten zur Information. Und nicht zuletzt erfüllt es das Bedürfnis eines jeden Sammlers: Seine Schätze anderen zu zeigen und mit ihnen die eigene Begeisterung zu teilen.

BILDTEIL

AMRUM

Amrum, Deutschland

Position: 54°37,9´N 008°21,3´O
Kennung: Fl. 7,5 s
Feuerhöhe: 63 m
Tragweite: 23 sm

Nach dem Ende der dänischen Herrschaft 1864 wurde im Jahr 1873 auf Amrum mit dem Bau des ersten deutschen Leuchtturms an der Westküste Nordfrieslands begonnen. Der 41 Meter hohe Turm wurde aus braunem Klinker gemauert und steht auf einer 24 Meter hohen Düne. Erst 1952 wurde er an das öffentliche Stromnetz angeschlossen und erhielt seinen rot-weißen Anstrich.

ARKONA

Rügen, Deutschland

Position: 54°40,8´N 013°25,9´O
Kennung: Fl (3) 17 s
Feuerhöhe: 75 m
Tragweite: 22 sm

Auf Kap Arkona im Norden der Insel Rügen wurde 1826/27 nach dem Entwurf des Berliner Baumeisters Schinkel der erste Leuchtturm Arkona gebaut. Der 21 Meter hohe Turm war bis 1902 in Betrieb. Einige Meter daneben entstand sein Nachfolger, ein 35 Meter hoher Turm aus gelbem Ziegel. Nach den gleichen Plänen wurde zur selben Zeit auch auf Helgoland ein Leuchtturm errichtet. Der neue Turm erhielt 1980 einen rot-schwarzen Anstrich, der ihm den Spitznamen „Ringelsocke" eintrug. Nach der Wiedervereinigung wurden beide Türme 1992 grundlegend saniert, dabei wurde auch die Bemalung wieder entfernt.

ARNGAST

Jadebusen, Deutschland

Position: 53°28,9´N 008°10,9´O
Kennung: F. WRG
Feuerhöhe: 30 m
Tragweite: 21/16/17 sm

Mitten im Jadebusen, auf der versunkenen Insel Arngast, steht seit 1910 der gleichnamige Leuchtturm. Auf einem Fundament aus 112 Holzpfählen wurde der 36 Meter hohe Turm aus den gleichen gusseisernen Platten wie schon die Türme Pellworm, Hörnum und Westerheversand zusammengeschraubt. Bis 1967 war der Turm noch mit drei Wärtern besetzt. Sein Leitfeuer bildet den Abschluss der bei Wangerooge beginnenden Leuchtfeuerkette für die Jade.

ÅRØSUND

Kleiner Belt, Dänemark

Position: 55°15,8´N 009°42,8´O
Kennung: Oc. WRG. 5 s
Feuerhöhe: 9 m
Tragweite: 10/8/8 sm

Nördlich von Åbenrå liegt der kleine Fährhafen Årøsund. Der 10 Meter hohe Turm auf der Mole wurde zusammen mit dem baugleichen Leuchtturm auf der gegenüberliegenden Insel Årø im Jahr 1905 von der Firma Julius Pintsch aus Berlin errichtet. Pintsch hatte die automatische Befeuerung mit komprimiertem Gas entwickelt. Die gusseisernen Türme wurden vorwiegend an der deutschen Ostseeküste aufgestellt, so auch hier im damals deutschen Nordschleswig. Ihre Sektorenfeuer leiten die Schifffahrt durch den Årøsund.

ROTTERDAM

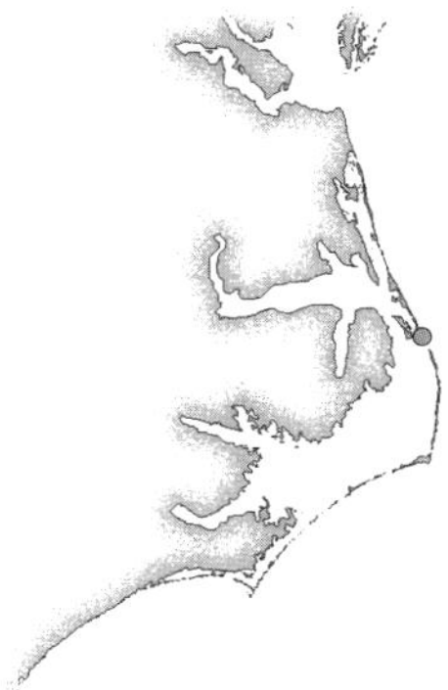

BODIE ISLAND

Outer Banks, North Carolina, USA

Position: 35°49,1´N 075°33,8´W
Kennung: LFl (2) 30 s
Feuerhöhe: 48 m
Tragweite: 18 sm

Die langgezogene Inselkette Outer Banks vor der Küste North Carolinas ist als Schiffsfriedhof gefürchtet. Der 51 Meter hohe Leuchtturm Bodie Island an der Nordseite des Oregon Inlet ist der dritte Turm an dieser Stelle. Aufgrund des schlechten Fundaments neigte sich der erste Turm kurz nach der Inbetriebnahme 1848 zur Seite und musste aufgegeben werden. Der zweite Turm von 1852 wurde während des Bürgerkriegs 1861 zerstört. Der Architekt Paul J. Pelz und der Baumeister Dexter Stetson bauten dann ab 1870 nacheinander drei Leuchttürme auf den Outer Banks: Zuerst 1870 Cape Hatteras, 1872 Bodie Island und 1875 Currituck Beach.

BREMEN ÜBERSEEHAFEN, SÜDMOLE

Bremen, Deutschland

Position: 53°06,4´N 008°44,9´O
Kennung: F. G
Feuerhöhe: 15 m
Tragweite: 5 sm

Auf der Südmole des Bremer Überseehafens steht seit 1906 der 12 Meter hohe Granitturm als Molenfeuer. Das Becken des Überseehafens wurde inzwischen zugeschüttet, aber der Turm markiert weiterhin die Einfahrt zum Holzhafen und zum Getreidehafen.

BREMERHAVEN, NEUER HAFEN, UNTERFEUER

Bremerhaven, Deutschland

Position: 53°32,7´N 008°34,2´O
Kennung: Iso. 4 s
Feuerhöhe: 21 m
Tragweite: 8 sm

Neben der inzwischen zugeschütteten Schleuse zum Neuen Hafen wurde 1854/55 der Große Leuchtturm Bremerhaven im neugotischen Stil erbaut. 1893 errichtete man etwas südlicher ein 26 Meter hohes stählernes Unterfeuer, sodass beide Türme nun eine flussaufwärts weisende Richtfeuerlinie bildeten. Die ungewöhnliche Silhouette trug dem Unterfeuer die Spitznamen „Minarett" und „Zwiebelturm" ein. Der komplette Turm wurde 1992 mit einem Autokran um 56 Meter versetzt, weil sein Feuer durch die an der neuen Seebäderkaje anlegenden Schiffe verdeckt wurde.

BREMERHAVEN, KAISERSCHLEUSE OSTFEUER

Bremerhaven, Deutschland

Position: 55°33,2´N 008°33,6´O
Kennung: F. G
Feuerhöhe: 10 m
Tragweite: 4 sm

Am Vorhafen der Bremerhavener Kaiserschleuse, seinerzeit die größte Schleuse der Welt, wurde 1900 ein 15 Meter hoher Leuchtturm gebaut. Offiziell heißt der Turm „Kaiserschleuse Ostfeuer", aber dank seiner Nebelglocke, die als letzte in Deutschland noch in Betrieb ist, hat der Turm den Spitznamen „Klingelturm".

BRESKENS, NIEUWE SLUIS

Zeeland, Niederlande

Position: 51°24,5´N 003°31,4´O
Kennung: Oc. WRG. 10 s
Feuerhöhe: 26 m
Tragweite: 14/11/10 sm

Westlich der Stadt Breskens steht der älteste noch erhaltene gusseiserne Leuchtturm der Niederlande. Nach Studienreisen in England baute Quirinus Harder drei gusseiserne Türme mit achteckigem Grundriss: Renesse und die „IJzern Baak“ bei Ouddorp, die 1915 bzw. 1911 abgerissen wurden, und 1867 dann den 22 Meter hohen Turm von Nieuwe Sluis. Zusammen mit einem weiter westlich stehenden kleinen Gitterturm bildete er eine Richtfeuerlinie. Ursprünglich war der Turm gelb gestrichen, danach rot-weiß, bis er im Zweiten Weltkrieg einen Tarnanstrich erhielt. Nach dem Krieg wurde das Leuchtfeuer erst 1955 wieder entzündet. Das Unterfeuer blieb gelöscht und steht heute als Denkmal in Breskens.

CHANONRY

Black Isle, Schottland

Position: 57°34,5´N 004°05,4´W
Kennung: Oc. 6 s
Feuerhöhe: 12 m
Tragweite: 15 sm

Fast sämtliche schottischen Leuchttürme wurden im Verlauf von hundert Jahren von drei Generationen der Familie Stevenson erbaut, zu der auch der Romanautor Robert Louis Stevenson gehörte. Sein Onkel Alan errichtete 1846 den 14 Meter hohen Leuchtturm Chanonry. Er steht auf einer Landzunge, die weit in den Moray Firth ragt. An dessen Ende liegt Inverness und der Beginn des Kaledonischen Kanals, der über Loch Ness quer durch die Highlands nach Fort William führt.

COVESEA SKERRIES

Grampian, Schottland

Position: 57°43,5´N 003°20,2´W
Kennung: Fl. WR. 20 s
Feuerhöhe: 49 m
Tragweite: 24/20 sm

Der Verlust von 16 Schiffen im Moray Firth in einem Novembersturm 1826 gab den Anstoß für die Errichtung von Leuchtfeuern am Nord- und Südeingang des Firth. Der Leuchtturm Tarbart Ness im Norden wurde 1830 gebaut. 1846 baute Alan Stevenson dann den Leuchtturm Covesea Skerries. Der 36 Meter hohe Turm markiert den südlichen Beginn des Moray Firth.

DAHMESHÖVED

Lübecker Bucht, Deutschland

Position: 54°12,2´N 011°06,0´O
Kennung: Fl (3) 12 s
Feuerhöhe: 33 m
Tragweite: 23 sm

Auf einem etwas erhöht liegenden Landvorsprung im Norden der Lübecker Bucht steht seit 1879 der achteckige, 28 Meter hohe Leuchtturm Dahmeshöved. Neben dem Wärterhaus baute man 1939 noch einen Beobachtungsturm der Marine. Nach dem Ersten Weltkrieg erhielt der aus Backsteinen erbaute Leuchtturm einen roten Anstrich mit weißem Band, der 1982 wieder entfernt wurde.

DUNNET HEAD

Pentland Firth, Schottland

Position: 58°40,3´N 003°22,4´W
Kennung: Fl (4) 30 s
Feuerhöhe: 105 m
Tragweite: 23 sm

Zwischen der Thurso und der Brough Bay ragt das nördlichste Kap Schottlands in den Westeingang des Pentland Firth. Auf dieser 102 Meter hohen Sandsteinklippe erbaute Robert Stevenson 1831 den nur 20 Meter hohen Leuchtturm. Bei gutem Wetter reicht der Blick bis zur gegenüberliegenden Orkney-Insel Hoy.

ECKWARDEN OBERFEUER

Jadebusen, Deutschland

Position: 53°31,3´N 008°14,0´O
Kennung: Iso. 3 s
Feuerhöhe: 41 m
Tragweite: 21 sm

Gegenüber von Wilhelmshaven, an der Südwestecke von Butjadingen, wurde 1961 die Richtfeuerlinie Eckwarden gebaut. Das 37 Meter hohe Oberfeuer ist eine Stahlkonstruktion mit vier Stützen und einer Wendeltreppe in der Mitte. Die Stahlröhre, die das Unterfeuer Solthörner Watt trägt, steht in einiger Entfernung im Watt.

FLÜGGE

Position: 54°26,6´N 011°01,1´O
Kennung: Oc (4) 20 s
Feuerhöhe: 38 m
Tragweite: 17 sm

An der Südwestecke von Fehmarn war das Hagedorngehölz „Flügger Holz" eine wichtige Landmarke für die Schifffahrt. Nach dem Absterben der Baumgruppe wurde hier 1870 ein 16 Meter hoher achteckiger Leuchtturm aus Ziegel gebaut. 1914/15 entstand direkt daneben der Nachfolger, wiederum achteckig und aus gelbem Ziegel, 37 Meter hoch und bis auf die Höhe baugleich mit dem Leuchtturm Neuland. Wie sein Vorgänger bildet er mit dem Leuchtfeuer von Strukkamphuk eine Richtfeuerlinie für den östlichen Fehmarnsund. 1977 wurde der Turm dann mit roten und weißen Glasal-Platten verkleidet.

FRIEDRICHSORT

Kieler Förde, Deutschland

Position: 54°23,4´N 010°11,6´O
Kennung: Iso. WRG. 4 s
Feuerhöhe: 32 m
Tragweite: 7/6/5 sm

Auf einer Sandbank in der Friedrichsorter Enge, der schmalsten Stelle der Kieler Förde, wurde 1853 eine eiserne Leuchtbake erbaut, die im Winter 1863 durch Treibeis wieder zerstört wurde. Als Nachfolger entstand am selben Ort 1866 ein 10 Meter hoher eiserner Leuchtturm auf einem Granithügel. Trotz mehrerer Umbauten hatte der alte Turm 1971 ausgedient: Sein Licht war durch die geringe Feuerhöhe vor der Silhouette Kiels nur schwer zu erkennen und blendete vorbeifahrende große Schiffe. Der neue 32 Meter hohe Turm aus Stahlbeton übernahm die Optik des alten Turmes. Zwei Jahre standen beide nebeneinander, dann wurde der alte Turm abgerissen. Der Sockel ist noch zu sehen, das Lampenhaus steht nun in Friedrichsort am Heinrich-Rixen-Platz.

GEESTE, VORHAFEN, NORDMOLE

Bremerhaven, Deutschland

Position: 53°32,2´N 008°34,5´O
Kennung: F. R
Feuerhöhe: 15 m
Tragweite: 5 sm

Mitte des 19. Jahrhunderts wurden an der Geestemündung feste Molen angelegt, auf denen auch schon Molenfeuer brannten. 1912 wurden die Molen verlängert, 1914 baute man auf der Nordmole diesen 14 Meter hohen Ziegelturm. Auf der Südmole steht seit 1924 eine grüne Gitterbake mit einem grünen Festfeuer .

GLYNGØRE

Limfjord, Dänemark

Position: 56°45,8´N 008°51,8´O
Kennung: Oc. WRG. 5 s
Feuerhöhe: 8 m
Tragweite: 12/8/8 sm

Mitten in Nordjütland liegt die kleine Hafenstadt Glyngøre am Limfjord. Der neun Meter hohe eiserne Leuchtturm wurde 1911 gebaut und steht auf der Westmole des Hafens. Sein Sektorenfeuer leitet die Schifffahrt um die Landspitze von Glyngøre und durch den Sallingsund.

GROSSERPATER UNTERFEUER

Unterweser, Deutschland

Position: 53°19,8´N 008°30,4´O
Kennung: Iso. 4 s
Feuerhöhe: 14 m
Tragweite: 12 sm

In der Unterweser gegenüber der Stadt Brake liegt Harriersand, Deutschlands größte Flussinsel. Hier wurden 1897/98 im Zuge der Befeuerung der Weser zwei Richtfeuerlinien eingerichtet, Harriersand und Großerpater. Beide sind heute noch in Betrieb. Im Vordergrund des Bildes steht das 15 Meter hohe Unterfeuer Großerpater, dahinter das 34 Meter hohe Oberfeuer.

HÖGBY

Öland, Schweden

Position: 57°08,8´N 017°02,8´O
Kennung: LFl (2) 12 s
Feuerhöhe: 22 m
Tragweite: 12 sm

Der schlanke 23 Meter hohe Gitterturm wurde 1898 an der Ostküste der Insel Öland aufgebaut. Zuvor wurde der Turm auf der Stockholm-Ausstellung 1897 gezeigt. Das ehemalige Wärterhaus aus Granit bewohnt inzwischen Stephan Lundh, einer der bekanntesten Marinemaler der Insel.

HÖRNUM

Sylt, Deutschland

Position: 54°45,3´N 008°17,5´O
Kennung: Fl (2) 9 s
Feuerhöhe: 48 m
Tragweite: 20 sm

In Hörnum an der Südspitze der Insel Sylt wurde 1901 eine Anlegebrücke gebaut. Das ersparte den Seebäderschiffen aus Hamburg die Fahrt um die Nordspitze der Insel bis zum damals einzigen Hafen Munkmarsch. Zur Erleichterung der Ansteuerung wurde 1906 der Hörnumer Leuchtturm gebaut. Der aus Gusseisenplatten zusammengeschraubte 34 Meter hohe Turm ist wie die Türme von Pellworm und Westerheversand ein Serienprodukt. Bis 1933 war in einem Obergeschoss des Turmes die Schule von Hörnum untergebracht.

HOLBORN HEAD

Thurso Bay, Schottland

Position: 58°36,9´N 003°32,4´W
Kennung: Fl. WR. 10 s
Feuerhöhe: 23 m
Tragweite: 15/11 sm

Seit 1862 steht der Leuchtturm Holborn Head oberhalb des Fährhafens Scrabster an der Westseite der Thurso Bay. Für schottische Leuchttürme unüblich, bauten Thomas und David Stevenson den 17 Meter hohen Turm direkt an das Wärterhaus. Das Foto entstand bei Sonnenaufgang, eine Stunde vor Abfahrt der Morgenfähre nach Stromness auf den Orkney-Inseln.

HOORN

IJsselmeer, Niederlande

Position: 52°38,0´N 005°03,9´O
Kennung: Iso. 4 s
Feuerhöhe: 15 m
Tragweite: 10 sm

Im 17. Jahrhundert war Hoorn eine bedeutende Handelsstadt. Zur Ansteuerung des Hafens wurde auf der westlichen Mole 1657 eine Leuchtbake errichtet. Viele Teile der Holzkonstruktion wurden im Laufe der Jahrhunderte ausgewechselt, aber die 14 Meter hohe Bake dient immer noch als Hafenfeuer; allerdings nicht mehr mit einem Kohlefeuer, sondern mit elektrischem Licht.

VHF
1

KEGNÆS

Als, Dänemark

Position: 54°51,2´N 009°59,3´O
Kennung: Oc. WRG. 5 s
Feuerhöhe: 32 m
Tragweite: 12/9/9 sm

Auf einer Anhöhe der Halbinsel Kegnæs im Süden von Als wurde 1845 von den Dänen ein Leuchtfeuer auf einem Hausdach eingerichtet. 1896 wurde es, inzwischen unter deutscher Regierung, durch einen 18 Meter hohen Backsteinturm ersetzt. Der Turm zeigt ein Sektorenfeuer und ist auch heute noch mit einem Wärter besetzt.

KULLEN

Kullaberg, Schweden

Position: 56°18,1´N 012°27,1´O
Kennung: Fl. 5 s
Feuerhöhe: 78 m
Tragweite: 27 sm

188 Meter hoch ist das Vorgebirge Kap Kullen, das am Nordende des Öresund in das Kattegat hineinragt. Schon seit 1230 wurde hier ein Leuchtfeuer betrieben. Auf der Westspitze der Felszunge wurde 1900 der vierte Leuchtturm an diesem Ort erbaut. Selbst nur 15 Meter hoch, besitzt er mit 78,5 Meter die größte Feuerhöhe und die größte Lichtstärke aller skandinavischen Leuchttürme.

KULLEN VÄSTRA

Kullaberg, Schweden

Position: 56°18,2´N 012°26,8´O
Kennung: Oc (3) WG. 20 s
Feuerhöhe: 12 m
Tragweite: 14/10 sm

Am äußersten Ende von Kap Kullen, 60 Meter tiefer als sein großer Bruder, steht das Leuchtfeuer Kullen Västra, einer der unzähligen kleinen Türme entlang der schwedischen Küste.

LISMORE

Sound of Mull, Schottland

Position: 56°27,4´N 005°36,4´W
Kennung: Fl. 10 s
Feuerhöhe: 31 m
Tragweite: 19 sm

Wartet man in Craignure auf der Insel Mull an einem Sommerabend auf die Fähre nach Oban, bietet sich ungefähr dieses Bild. Auf einer kleinen Felseninsel südwestlich der Insel Lismore steht seit 1833 der gleichnamige, 26 Meter hohe Leuchtturm, erbaut von Robert Stevenson, und leitet die Schifffahrt durch den Firth of Lorne und den Sound of Mull.

LYNGVIG

Westjütland, Dänemark

Position: 56°03,0´N 008°06,2´O
Kennung: Fl. 5 s
Feuerhöhe: 53 m
Tragweite: 22 sm

Anlass für den Bau des Leuchtturms Lyngvig war die Strandung eines norwegischen Schiffs im Jahr 1903. Das Leuchtfeuer wurde 1906 in Betrieb genommen und war das letzte einer Reihe von Seefeuern an der jütländischen Nordseeküste. Der 38 Meter hohe Ziegelturm mit einem Betonfundament steht auf einer 17 Meter hohen Düne und ist in der flachen Landschaft von Holmsland Klit von weitem zu sehen. Der Leuchtturm kann besichtigt werden, hält aber mit insgesamt 228 Treppenstufen den dänischen Rekord.

MARKEN

IJsselmeer, Niederlande

Position: 52°27,6´N 005°08,4´O
Kennung: Oc. 8 s
Feuerhöhe: 16 m
Tragweite: 9 sm

An der Ostspitze der Insel Marken wurde 1839 auf dem Fundament eines Vorgängers aus dem Jahre 1700 der heutige 16 Meter hohe Turm gebaut. 1919 fügte man das Maschinenhaus für das neu installierte Nebelhorn an, etwas später folgte noch ein Anbau für die Wärterwohnung. Wegen der entstandenen Silhouette heißt der Turm noch heute „Pferd von Marken". Seit dem Bau des Abschlussdeiches ist das IJsselmeer nur noch ein Binnenmeer, das ab und zu auch zufriert. 1971 schoben die Eismassen den kompletten Turm um einige Zentimeter zur Seite, seit dem Winter 1986 steht er etwas zur Seite geneigt.

MOLLÖSUND

Bohuslän, Schweden

Position: 58°04,5´N 011°28,1´O
Kennung: Fl (2) WRG. 6 s
Feuerhöhe: 7 m
Tragweite: 9/6/5 sm

Die Küste oberhalb von Göteborg ist im Sommer ein beliebtes Segelrevier. Am Südwestende der Insel Orust liegt der alte Fischerort Mollösund. Nordwestlich des Hafens steht einer der vielen kleinen Leuchttürme dieser Gegend, die den zahlreichen Seglern den Weg durch die Schären weisen.

NÄR

Gotland, Schweden

Position: 57°13,0´N 018°41,0´O
Kennung: Oc. WR. 8 s
Feuerhöhe: 20 m
Tragweite: 16/13 sm

An der Südostküste von Gotland liegt die Landzunge Närsholmen, ein bekanntes Vogelschutzgebiet. 1872 wurde auf dem südlichen Ende als letztes Seefeuer der Ostküste Gotlands ein 16 Meter hoher Leuchtturm aus Gusseisen errichtet. Die Hoffnung, zusammen mit den Leuchtfeuern von Östergarn, Fårö und Hoburg würde die Navigation nun sicherer werden, erfüllte sich leider nicht: Die Zahl der Schiffbrüche ging nur unwesentlich zurück.

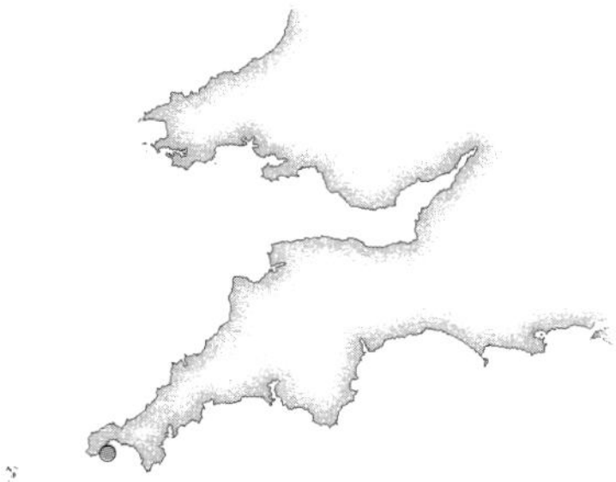

NEWLYN HARBOUR

Cornwall, England

Position: 50°06,1´N 005°32,5´W
Kennung: Fl. 5 s
Feuerhöhe: 10 m
Tragweite: 9 sm

Etwa eine Seemeile südwestlich von Penzance liegt der Fischerort Newlyn. Während der Saison sammeln sich hier die Kutter aus Looe, Mevagissey und St. Ives. Der 10 Meter hohe Eisenturm des Hafenfeuers steht auf der Südmole des Fischereihafens.

NOORDERHOOFD

Walcheren, Niederlande

Position: 51°32,5´N 003°26,3´O
Kennung: Oc. WRG. 10 s
Feuerhöhe: 20 m
Tragweite: 13/10/10 sm

1875 entwarf Quirinus Harder zum ersten Mal in den Niederlanden einen runden Leuchtturm aus Gusseisen. Zusammen mit dem Leuchtfeuer von Westkapelle bildet der 16 Meter hohe Turm als Unterfeuer eine Richtfeuerlinie für die Einfahrt in die Westerschelde. Eine nach dem Zweiten Weltkrieg an den Turm angebaute Küstenwachstation aus Ziegel und Beton wurde 1995 wieder abgerissen.

NOORDWIJK

Zuidholland, Niederlande

Position: 52°14,9´N 004°26,1´O
Kennung: Oc (3) 20 s
Feuerhöhe: 32 m
Tragweite: 18 sm

Bereits seit 1444 betrieb man in Noordwijk-aan-Zee ein Leuchtfeuer. Es wurde aber nur entzündet, wenn sich die Fischer des Dorfes nach Sonnenuntergang noch auf See befanden. 1922 wurde das Fischerfeuer durch einen 25 Meter hohen Turm aus Backsteinen und Beton ersetzt. Dessen Architekt hatte zuvor schon den ähnlich aussehenden Leuchtturm in Harlingen entworfen. Beide Türme wurden in den 1930er-Jahren weiß gestrichen.

NORDDORF

Insel Amrum, Deutschland

Position: 54°40,3´N 008° 19,0´O
Kennung: Oc. WRG. 6 s
Feuerhöhe: 22 m
Tragweite: 15/12/11 sm

Mitten in den Dünen der Insel Amrum, südlich von Norddorf, steht ein acht Meter hoher gusseiserner Leuchtturm, gebaut 1906 von der bereits erwähnten Firma Julius Pintsch. Nur durch einen halbstündigen Fußmarsch zu erreichen, blickt man von seinem erhöhten Standort auf die gegenüberliegende Südspitze von Sylt mit dem Leuchtturm von Hörnum.

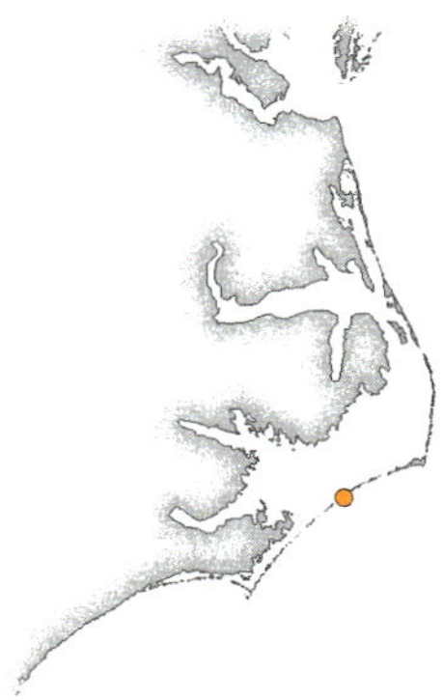

OCRACOKE ISLAND

Outer Banks, North Carolina, USA

Position: 35°06,5´N 075°59,2´W
Kennung: F
Feuerhöhe: 23 m
Tragweite: 14 sm

Die Insel Ocracoke liegt am südlichen Ende der Inselkette Outer Banks. Zur Kennzeichnung der Durchfahrt Ocracoke Inlet wurde auf der gegenüberliegenden Insel Shell Castle Island 1798 ein hölzerner Leuchtturm aufgestellt. 1818 brannten Turm und Wärterhaus nach einem Blitzschlag ab. Da sich die Fahrrinne inzwischen verlagert hatte, wurde der neue Leuchtturm nun auf Ocracoke gebaut. Der 23 Meter hohe Steinturm ist der älteste aktive Leuchtturm in North Carolina und der zweitälteste in den USA.

ÖLANDS NORRA UDDE

Öland, Schweden

Position: 57°22,0´N 017°05,9´O
Kennung: Fl (4) 15 s
Feuerhöhe: 31 m
Tragweite: 14 sm

Auf der Nordspitze der Insel Öland wurde 1845 der gleichnamige Leuchtturm errichtet. Der 32 Meter hohe „Lange Erik“ (als Pendant zum „Langen Jan“ an der Südspitze) steht auf dem westlichen Arm des Naturhafens Grankullaviken, den die schwedische Flotte einst als Stützpunkt benutzte. Anfang des letzten Jahrhunderts war der Hafen wichtig für die Holzausfuhr.

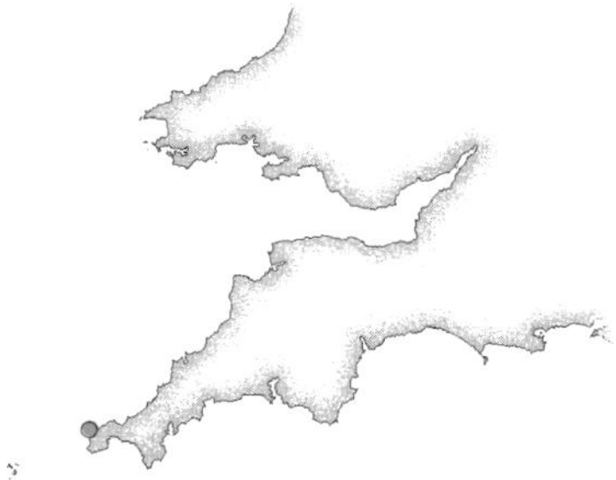

PENDEEN

Cornwall, England

Position: 50°09,8´N 005°40,2´W
Kennung: Fl (4) 15 s
Feuerhöhe: 59 m
Tragweite: 16 sm

Etwa sechs Seemeilen nördlich von Land´s End, dem westlichsten Punkt des englischen Festlands, steht seit dem Jahr 1900 der Leuchtturm Pendeen. Direkt an der Steilküste gebaut, erreicht der gedrungene, nur 17 Meter hohe Turm trotzdem eine Feuerhöhe von 59 Metern. In seiner Laterne dreht immer noch die ursprüngliche Optik, die etwa 2,5 Tonnen wiegt.

PENLAN

Bretagne, Frankreich

Position: 47°31,0´N 002°30,2´W
Kennung: Oc (2) WRG. 6 s
Feuerhöhe: 26 m
Tragweite: 15/11/11 sm

Ende des 19. Jahrhunderts wurden in Frankreich Leuchttürme überwiegend aus Stein gebaut. Die kleineren Türme wurden als Serientypen nach Mustern unterschiedlicher Art und Größe errichtet. Mitten im Dorf Penlan steht seit 1881 ein solcher Standardturm, 18 Meter hoch und mit angebautem Wärterhaus.

PENLAN

PONTUSVAL

Bretagne, Frankreich

Position: 48°40,7´N 004°20,8´W
Kennung: Oc (3) WR. 12 s
Feuerhöhe: 16 m
Tragweite: 10/7 sm

Etwa fünfzehn Mal wurde der kleinste Typ der französischen Standardtürme gebaut: ein 15 Meter hoher Turm mit angebautem Wärterhaus. Die meisten Exemplare stehen heute noch, wie der 1869 erbaute Leuchtturm am Pointe de Beg-Pol.

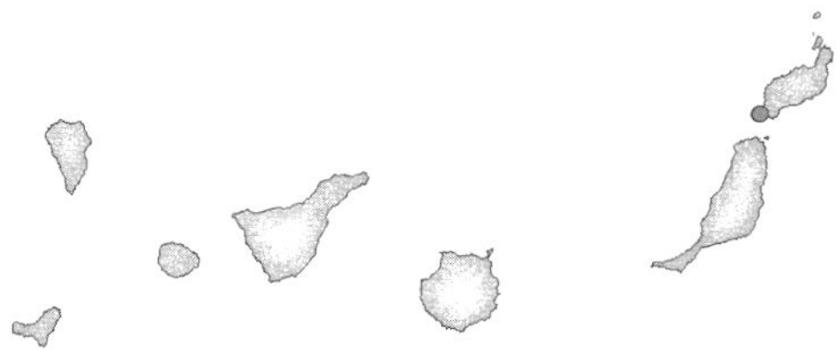

PUNTA PECHIGUERA

Lanzarote, Spanien

Position: 28°51,2´N 013°52,2´W
Kennung: Fl (3) 30 s
Feuerhöhe: 54 m
Tragweite: 17 sm

In den Jahren 1864–66 wurden auf fast allen Kanarischen Inseln die ersten Leuchttürme gebaut. Der 1865 errichtete 10 Meter hohe Turm an der Punta Pechiguera, der Südspitze Lanzarotes, steht dort heute noch. Sein Nachfolger, ein knapp 50 Meter hoher Betonturm, wurde 1987/88 einige Meter entfernt erbaut.

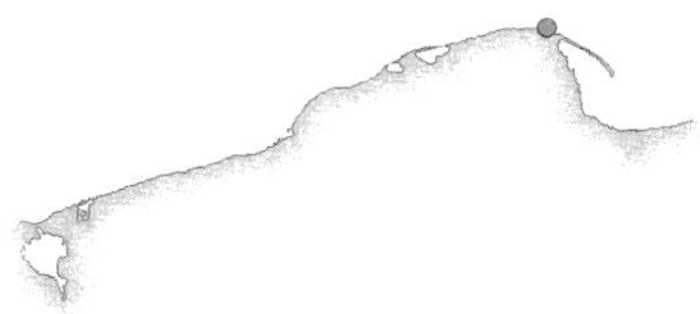

ROZEWIE

Kap Rozewie, Polen
Position: 54°49,9´N 018°20,3´O
Kennung: Fl. 3 s
Feuerhöhe: 83 m
Tragweite: 26 sm

1821/22 wurde auf dem damals noch westpreußischen Rixhöft ein 21 Meter hoher Leuchtturm aus Stein auf dem Habichtsberg errichtet. Da im Laufe der Zeit vor dem Turm Bäume wuchsen, die man nicht fällen wollte, musste der Turm 1910 mit einem eisernen Aufsatz um fünf Meter erhöht werden. 1920 fiel das Gebiet an Polen und heißt seitdem Kap Rozewie. Die Bäume wuchsen immer noch, und 1978 musste die Laterne noch einmal um sieben Meter angehoben werden. Im unteren Teil des Turms ist inzwischen ein kleines Leuchtturmmuseum untergebracht.

RUBHA REIDH

Wester Ross, Schottland

Position: 57°51,4´N 005°48,6´W
Kennung: Fl (4) 15 s
Feuerhöhe: 37 m
Tragweite: 24 sm

Nach etlichen Kilometern Feldweg am Rande der Steilküste erreicht man den Leuchtturm Rubha Reidh, 1912 gemeinsam von Charles und David A. Stevenson erbaut. Das Feuer leuchtet über den Minch, die Passage zwischen dem Festland und den Äußeren Hebriden, deren Insel Lewis genau gegenüber liegt. Die ehemaligen Wärterhäuser werden seit einigen Jahren als Urlaubsquartiere genutzt.

SAINT-MATHIEU

Bretagne, Frankreich

Position: 48°19,8´N 004°46,3´W
Kennung: Fl. 15 s
Feuerhöhe: 56 m
Tragweite: 29 sm

Westlich von Brest, auf einer steil ins Meer abfallenden Klippe, liegt die im 16. Jahrhundert erbaute Benediktinerabtei Saint-Mathieu. Auf dem Glockenturm betrieb man seit 1694 ein Kohlefeuer. Während der Französischen Revolution wurde das Kloster geplündert und zerstört. Inmitten der Ruinen wurde 1830–35 dieser 37 Meter hohe Turm erbaut, eines der wenigen Exemplare, das noch nicht automatisiert ist, sondern weiterhin von Leuchtturmwärtern betreut wird.

SCHIERMONNIKOOG

Schiermonnikoog, Niederlande

Position: 53°29,2´N 006°09,0´O
Kennung: Fl (4) 20 s
Feuerhöhe: 43 m
Tragweite: 28 sm

Im Jahr 1854 wurden auf Schiermonnikoog zwei identische Leuchttürme aus Ziegel erbaut. Die 36 Meter hohen Türme mit ihren Festfeuern sollten sich durch die doppelte Ausführung von den benachbarten Leuchttürmen auf Terschelling und Borkum unterscheiden. 1911 installierte man auf dem nördlichen Turm eine Drehlinse zur Erzeugung eines Blitzfeuers. Der Südturm wurde stillgelegt und diente der Insel von 1950 bis 1992 als Wasserturm. 1951 wurde auch der nördliche Turm umgebaut: Unterhalb der Laterne entstand ein Ausguck der Küstenwache. Ein Sektorenfeuer, das vorher etwas entfernt auf einer Bake stand, scheint seitdem aus einem kleinen Fenster des Turms in 29 Metern Höhe.

SCHLEIMÜNDE

Schleimündung, Deutschland

Position: 54°40,3´N 010°02,2´O
Kennung: LFl (3) WR. 20 s
Feuerhöhe: 14 m
Tragweite: 14/10 sm

Nachdem die ursprüngliche Verbindung der Schlei zur Ostsee zu versanden drohte, gruben die örtlichen Fischer Ende des 18. Jahrhunderts weiter südlich eine neue Durchfahrt, die mit Molen gesichert wurde. 1877 baute man auf der Spitze der neuen Nordmole einen 14 Meter hohen Leuchtturm aus gelbem Klinker. Die Zahl der verschiedenen Anstriche ist beachtlich: 1890 wurde er dunkelgrau gemalt, danach wieder gelb und 1910 dann hellgrau. 1920 bekam der Turm ein rot-weißes Schachbrettmuster, danach ein schwarz-weißes. Inzwischen hat der Turm eine weiße Kunststoffverkleidung mit schwarzem Band.

SLETTERHAGE

Helgenæs, Dänemark

Position: 56°05,7´N 010°30,8´O
Kennung: Oc. WRG. 10 s
Feuerhöhe: 17 m
Tragweite: 16/12/12 sm

Auf Sletterhage, der Südspitze der Halbinsel Helgenæs, wurde als Ersatz für ein Leuchtfeuer am Giebel des Wärterhauses 1894 ein 16 Meter hoher Leuchtturm errichtet. Für den Bau verwendete man zum ersten Mal in Dänemark Beton. Das Sektorenfeuer warnt vor den Untiefen Meijflak sowie dem Vejrø Flak östlich von Samsø.

ST. PETER

Eiderstedt, Deutschland

Position: 54°17,3´N 008°39,2´O
Kennung: LFl (2) WR. 15 s
Feuerhöhe: 23 m
Tragweite: 15/11 sm

Der 18 Meter hohe Ziegelturm wurde 1890 als Ersatz für eine hölzerne Peilbake gebaut, damals noch ohne Laterne. Mit der Eröffnung des Nord-Ostsee-Kanals 1895 ging der Schiffsverkehr in der Eidermündung stark zurück. Trotzdem wurde auf den Turm 1914 noch ein Laternenhaus gesetzt. Seitdem weist das Leuchtfeuer den Weg in die Eidermündung.

STAVOREN

IJsselmeer, Niederlande

Position: 52°53,3´N 005°21,5´O
Kennung: Iso. 4s
Feuerhöhe: 15 m
Tragweite: 12 sm

Stavoren, im Mittelalter ein bedeutender Handelshafen, war Anfang des 19. Jahrhunderts nur noch ein kleiner Fischerort. Seit 1814 leuchtete am Hafen ein kleines Laternenfeuer für die Fischer, das 1860 durch zwei stärkere Richtfeuer ersetzt wurde. Nachdem Stavoren 1884 einen Eisenbahnanschluss erhielt, wurde der Hafen neu angelegt. Zu dessen Befeuerung wurden der 16 Meter hohe Leuchtturm und zwei baugleiche, aber niedrigere Molenfeuer errichtet. Die sechseckige Gitterkonstruktion hat, wie die ähnlichen Leuchtfeuer in Den Oever und Strijensas, vermutlich Quirinus Harder entworfen. Im Herbst 2001 wurde der Turm komplett sandgestrahlt und neu gestrichen.

STAVOREN SÜDMOLE

IJsselmeer, Niederlande

Position: 52°53,2´N 005°21,3´O
Kennung: F. G
Feuerhöhe: 8 m
Tragweite: 3 sm

Die beiden Molenfeuer von Stavoren wurden 1885 zusammen mit dem neu gebauten Hafen in Betrieb genommen. Damals waren die Farben der Feuer anders festgelegt: Der nördliche Turm strahlte ein grünes Licht aus, dessen Farbe 1894 in Blau geändert wurde. Entsprechend war der südliche Turm rot gestrichen und zeigte auch ein rotes Feuer. Aufgrund einer internationalen Übereinkunft wurden 1919 die Farben getauscht. Das sieben Meter hohe südliche Molenfeuer bildet außerdem zusammen mit dem östlich stehenden Leuchtturm eine Richtfeuerlinie für die Hafenansteuerung.

SVANEKE, SANDKÅS ODDE

Bornholm, Dänemark

Position: 55°07,9´N 015°09,2´O
Kennung: Fl (2) 20 s
Feuerhöhe: 20 m
Tragweite: 21 sm

Nach längeren Diskussionen um die Standorte der Leuchttürme an der bis dahin unbefeuerten Ostküste Bornholms war der Untergang des Schoners „Louise Helene" 1914 vor dem Hafen von Svaneke der Anlass, auf Sandkås Odde, einer Landspitze südlich von Svaneke, 1918 mit dem Bau eines Leuchtturms zu beginnen. Der viereckige, 18 Meter hohe Turm aus Beton wurde mit Sandstein aus dem nahe gelegenen Nexø verkleidet und 1920 in Betrieb genommen.

TAKSENSAND

Als, Dänemark

Position: 55°00,4´N 009°58,0´O
Kennung: Oc (2) WRG. 12 s
Feuerhöhe: 15 m
Tragweite: 15/11/11 sm

Die am Südausgang des Kleinen Belt liegende Insel Als gehörte von 1864 bis 1920 ebenso wie Südjütland zum Deutschen Reich. An ihrer Ostküste, fünf Kilometer nördlich des Fährhafens nach Fünen, wurde 1905 der Leuchtturm Taksensand gebaut. Der ursprünglich 32 Meter hohe Turm wurde 1953 von den Dänen auf 19 Meter gekürzt, da sein Licht nach der Befeuerung der umliegenden Inseln nur noch im Nahbereich benötigt wurde.

TIMMENDORF

Poel, Deutschland

Position: 53°59,6´N 011°22,6´O
Kennung: Iso. WRG. 6 s
Feuerhöhe: 21 m
Tragweite: 16/12/11 sm

Am westlichsten Punkt der Insel Poel, den alle Schiffe auf dem Weg nach Wismar passieren müssen, liegt der kleine Fischereihafen Timmendorf. Als Ersatz für eine Bake wurde hier 1872 ein neuer, 17 Meter hoher Leuchtturm als Mittelteil eines Wärter- und Lotsenhauses erbaut. Im Gegensatz zu Taksensand wurde der Turm von Timmendorf 1930 um vier Meter aufgestockt, da die Tragweite des Feuers nicht mehr ausreichte.

TRANERODDE

Als, Dänemark

Position: 55°02,8´N 09°051,2´O
Kennung: Iso. WRG. 2 s
Feuerhöhe: 12 m
Tragweite: 13/10/10 sm

An der Ostküste der Insel Als wurden im Jahr 1906 zwei eiserne Leuchttürme der Firma Pintsch aufgestellt, Gammel Pøl im Süden und Tranerodde im Norden. Der 10 Meter hohe Turm von Tranerodde leitet mit seinem Sektorenfeuer die Schiffe zwischen Als und Fünen durch den Kleinen Belt.

TRAVEMÜNDE NORDMOLE

Lübecker Bucht, Deutschland

Position: 53°57,8´N 010°53,4´O
Kennung: Oc. RG. 4s
Feuerhöhe: 10 m
Tragweite: 6/5 sm

Auf der Travemünder Nordmole entstand 1967 eine neun Meter hohe Molenbake aus Stahlbeton und Glasbausteinen. Mit dem grünen Feuer kennzeichnet sie die Steuerbordseite der Einfahrt, der rote Sektor warnt vor dem Steinriff am Brodtener Ufer. Einmalig in Deutschland: Der Turm wird nicht von außen angestrahlt, sondern durch die Glasbausteine von innen erleuchtet.

VLISSINGEN, SARDIJNGEUL

Zeeland, Niederlande

Position: 51°26,3´N 003°34,6´O
Kennung: Oc. WRG. 5 s
Feuerhöhe: 17 m
Tragweite: 12/9/8 sm

Die fünfeckige gusseiserne Bake steht seit 1891 an der Einfahrt zum alten Hafen von Vlissingen. Ursprünglich als Richtfeuer erbaut, war das Feuer vor den Lichtern des zum Beginn des letzten Jahrhunderts bebauten Nordsee-Boulevards immer schlechter zu erkennen. So leuchtet seit 1946 nur noch ein Hafenfeuer vom 10 Meter hohen Turm.

VORUPØR OBERFEUER

Nordjütland, Dänemark

Position: 56°57,5´N 08°022,2´O
Kennung: Iso. R. 4 s
Feuerhöhe: 30 m
Tragweite: 9 sm

Wie auch in einigen anderen Orten an der Westküste Nordjütlands werden in Nørre Vorupør die Fischkutter mit einer Winde auf den Strand gezogen, da es hier keinen Hafen gibt. Zur Ansteuerung des Strandes wurden 1894 Richtfeuer errichtet. Die Laterne des Oberfeuers hängt an einem neun Meter hohen Turm aus Holz, der auf einer hohen Düne steht. Das Unterfeuer befindet sich 80 Meter entfernt am Strand in einem kleinen Holzhäuschen, das bei Bedarf einfach versetzt werden kann.

WARNEMÜNDE

Warnowmündung, Deutschland

Position: 54°10,9´N 012°05,1´O
Kennung: Fl (3+1) 24 s
Feuerhöhe: 34 m
Tragweite: 20 sm

Bereits seit 1348 wird in Warnemünde ein Leuchtfeuer betrieben. Auf einer kleinen Düne dicht am Strand wurde 1897/98 der 31 Meter hohe heutige Turm aus gelbem Klinker errichtet. Er steht auf einem Fundament aus 33 Holzpfählen. Die Galerie auf halber Höhe war ursprünglich als Lotsenausguck geplant. Das Foto entstand unmittelbar nach der Grenzöffnung, inzwischen wurde der Turm renoviert.

WEST SCHOUWEN

Schouwen, Niederlande

Position: 51°42,5´N 003°41,5´O
Kennung: Fl (2+1) 15 s
Feuerhöhe: 58 m
Tragweite: 30 sm

Als Ersatz für zwei offene Kohlefeuer in den Dünen von West Schouwen wurde 1837–40 der 50 Meter hohe Leuchtturm aus Ziegel gebaut. Nach der Eröffnung eines Flugplatzes in der Nähe wurde 1937 das rote Spiralband auf den weißen Turm gemalt. Sein Abbild zierte lange Zeit die Rückseite der niederländischen 250-Gulden-Banknote.

WESTERHEVERSAND

Eiderstedt, Deutschland

Position: 54°22,5´N 008°38,5´O
Kennung: Oc (3) WRG. 15s
Feuerhöhe: 41 m
Tragweite: 21/17/16 sm

Nördlich der Halbinsel Eiderstedt verläuft der Heverstrom, ein für die Schifffahrt gefährlicher Gezeitenstrom. Auf dem ins Wattenmeer vorgeschobenen Westerheversand wurde deshalb 1906–08 ein Leuchtturm errichtet. Als Hochwasserschutz wurde eine Warft aufgeschüttet und mit Pferden festgeritten. Auf ein Fundament aus 127 eingerammten Holzpfählen baute man dann den Turm. Mit 40 Meter Höhe ist er das größte Exemplar der gusseisernen Serientürme in Schleswig-Holstein. Das bekannteste sicherlich auch: Das malerische Ensemble aus Turm mit zwei Wärterhäusern steht als Symbol für Leuchtturm, Küste und Meer, und macht Westerheversand zum meistfotografierten Leuchtturm Deutschlands.

WESTKAPELLE

Walcheren, Niederlande

Position: 51°31,8´N 003°26,8´O
Kennung: Fl. 3 s
Feuerhöhe: 49 m
Tragweite: 28 sm

Auf dem 52 Meter hohen Turm der 1470 erbauten St. Willebrord-Kirche wurde 1818 erstmals ein Leuchtfeuer entzündet. Das Kirchenschiff brannte 1837 nach einem Blitzschlag ab, der Turm und seine drei Leuchtturmwärter überstanden das Feuer aber unversehrt. 1906 erhielt der Turm dann durch den eisernen Unterbau der Laterne seine heutige Form. Neben seiner Funktion als Seefeuer bildet er mit den Unterfeuern von Noorderhoofd und Zouteland zwei Richtfeuerlinien.

WUSTROW

Fischland, Deutschland

Position: 54°20,2´N 012°22,6´O
Kennung: Oc (3) 12s
Feuerhöhe: 12 m
Tragweite: 16 sm

Auf Fischland, der schmalen Landbrücke zum Darß, strandeten einst bei schlechter Sicht immer wieder Schiffe. Deshalb wurde 1911 in der Mitte von Fischland eine Nebelsignalstation errichtet. Am Schornstein des Maschinenhauses wurde außerdem eine Laterne aufgehängt. Da sich diese Befeuerung als unzureichend erwies, wurde 1933 auf die Nordwestecke des Maschinenhauses ein kleiner Turm mit neuer Laterne aufgesetzt. Das Nebelsignal wurde 1987 abgeschaltet.

ANHANG

Die für jedes Leuchtfeuer festgelegte Abfolge der Hell- und Dunkelphasen nennt man Kennung. In Leuchtfeuerverzeichnissen und Seekarten werden für die Kennung inzwischen allgemein englische Abkürzungen angegeben. Nachfolgend die in diesem Buch verwendeten:

F	Festfeuer, Lichterscheinung von gleichbleibender Stärke ohne Unterbrechung
Fl	Blitzfeuer, die Lichterscheinung ist kürzer als zwei Sekunden
LFl	Blinkfeuer, die Lichterscheinung ist länger als zwei Sekunden
Iso	Gleichtaktfeuer, Hell- und Dunkelphase sind gleich lang
Oc	Unterbrochenes Feuer, die Hellphase ist länger als die Dunkelphase
W	Weiß
R	Rot
G	Grün

Eine Zahl in Klammern hinter der Feuerart bezeichnet ein Gruppenfeuer; z. B. Fl (3) bedeutet ein Blitzfeuer mit einer Gruppe aus drei Blitzen. Die Sekundenzahl am Ende der Kennung bezeichnet schließlich die Wiederkehr, also die Zeit, nach der sich die Kennung wiederholt.
Die Feuerhöhe gibt die Höhe der Laterne über mittlerem Hochwasser an (in gezeitenlosen Gewässern über mittlerem Wasserstand). Die Tragweite bezeichnet die Entfernung in Seemeilen, aus der ein Beobachter das Leuchtfeuer unter bestimmten Sichtbedingungen gerade noch wahrnimmt.
Eine Seemeile entspricht 1,852 Kilometer.
Baken nennt man turm- oder pyramidenförmige feste Seezeichen an Land oder im Watt, die an Gefahrenstellen oder beim Fehlen von natürlichen Landmarken die Navigation erleichtern sollen.
Ein Richtfeuer besteht aus einem kleineren Unterfeuer und einem höheren Oberfeuer in einiger Entfernung dahinter. Wenn vom Schiff aus betrachtet beide Feuer übereinander stehen, liegt das Schiff auf der Richtfeuerlinie und damit auf dem richtigen Kurs.
Ein Sektorenfeuer strahlt in unterschiedlichen Richtungen verschiedene Kennungen oder Farben aus, z. B. um mit einem roten Sektor vor einem Riff zu warnen.

FOTOGRAFIE

Die Fotografien dieses Buches entstanden im Verlauf der letzten 15 Jahre. Als Kameras benutze ich nach wie vor zwei Minolta X-500-Gehäuse mit einem Sortiment Festbrennweiten von 28–200 Millimetern. Das notwendige Stativ kann bei den langen Belichtungszeiten und dem in Küstennähe ständig wehenden Wind nicht stabil genug sein. Als Film verwende ich inzwischen ausschließlich den Fuji 50 Velvia. Feinkörnigkeit und Farbwiedergabe sind nicht zu überbieten, und die geringe Empfindlichkeit ist bei dieser Art der Fotografie unerheblich.

Die Bilder sind überwiegend in der kurzen Zeit zwischen Sonnenuntergang und völliger Dunkelheit fotografiert worden. Aufnahmezeitpunkt und richtige Belichtung sind Erfahrungswerte. Einen gewissen Anhalt liefert der Belichtungsmesser der Kamera, die Belichtungszeiten liegen bei Blende 5,6 etwa zwischen 1 und 4 Sekunden. Das richtige Verhältnis zwischen natürlichem und künstlichem Licht kann man mit einiger Übung sehen bzw. eher spüren. Belichtungsreihen empfehlen sich trotzdem: Da sich die Lichtstimmung von Minute zu Minute ändert, sollte man nicht am Filmmaterial sparen.

Entscheidend ist frühzeitiges Erscheinen und rechtzeitige Wahl des Standpunktes. Denn während die Dämmerung herabsinkt, hat man zum Fotografieren maximal eine Viertelstunde Zeit. Und die ist bei den langen Belichtungszeiten schnell vorüber.

Delfs, Erik : Feuer an deutschen Küsten, Hamburg 1993
Delfs, Erik : Feuer an belgischen und niederländischen Küsten, Hamburg 1995
Fischer, Angelika u. Bernd: Bastionen des Lichts, Potsdam 1997
Handy, Amy: The Lighthouse, New York 1997
Holland, F. Ross: Lighthouses, New York 1995
Hoogstrate, Dorine van: Vuurtorens, Alphen a/d Rijn 2000
Leuchttürme. Lichter an deutschen Küsten, Hamburg 2002
Plisson, Philip u. Guillaume : Lichter über dem Meer, Bielefeld 2001
Rhein, Michael J.: DIe Welt der Leuchttürme, Hamburg 2002
Scheiblich, Reinhard: Leuchttürme an Deutschlands Küsten, Bielefeld 2003
Zemke, Friedrich-Karl: Deutsche Leuchttürme einst und jetzt, Hamburg 2000
Zemke, Friedrich-Karl: Leuchttürme der Welt, drei Bände, Herford 1992/93

Das Internet bietet zum Thema Leuchttürme eine Vielzahl an Seiten, teilweise mit sehr detaillierten Informationen zu Leuchttürmen aus fast allen Ländern.

Herzlichen Dank an Herrn Scheerer vom Bundesamt für Seeschifffahrt und Hydrographie, Hamburg, für den Zugang zu deutschen und englischen Leuchtfeuerverzeichnissen.

Bibliografische Information Der Deutschen Bibliothek
Die Deutsche Bibliothek verzeichnet diese Publikation in der Deutschen Nationalbibliografie;
detaillierte bibliografische Daten sind im Internet über http://dnb.ddb.de abrufbar.

1. Auflage
ISBN 3-89225-482-6
Die Rechte für diese Ausgabe liegen bei
Edition Maritim GmbH, Raboisen 8, 20095 Hamburg

Umschlag: Buchholz/Hinsch/Hensinger, Hamburg
Lithografie: scanlitho.teams FullService GmbH, Bielefeld
Druck: Westermann Druck Zwickau GmbH, Zwickau
Titelfoto: Covesea Skerries · Rückseitenfoto: Schleimünde
Seite 2: Marken · Seite 9: Norddorf · Seite 138: Pontusval

Printed in Germany 2003

Vertrieb: Delius Klasing Verlag, Siekerwall 21, 33602 Bielefeld
Tel.: 0521/559-0, Fax: 0521/559-114
e-mail: info@delius-klasing.de · www.delius-klasing.de